푸른 사월의 비

마정임 시집

계간문예

푸른 사월의 비

축하의 글

하늘에는 별

지상에는 시의 꽃

여기 또 한 송이의 시의 향기

마정임 시인은 크지 않은 음성으로
샘에서 솟는 한 줄기의 맑은 물처럼
자신이 갖는 내면의 세계를 사랑하는 이의
귓전에 속삭이듯 말하고 있습니다.
앞으로 더 넓은 시의 세계를 펼쳐나갈 것을
기대하면서 첫 시집 상재를 축하드립니다.

2023년 10월
홍금자 ((사)한국시인협회 상임위원)

시인의 말

지난 세월 삶의 갈피마다
문득문득 시어들이 내게 다가와
일기장, 습작노트에
숨겨 놓았습니다.

어쩌면
그냥 묻혀버리고 말았을
내 노래의 흔적들을
끄집어낼 수 있는 용기를 주신
H스승님께 깊은 감사를 드립니다.

흔쾌히 그림을 그려준 친구 오계실,
말없이 응원해준 사랑하는 가족
모두 고맙습니다.

이제야 한걸음 내디딘 시의 나라
묵묵히 걸어가렵니다.

2023년 가을

마정임

■ 차례

제2부 내려놓는 연습

제3부 산다는 것

제4부 낙엽의 독백

제1부

단상斷想

만학으로 뜨는 별

반딧불 같은
만학의 꿈을 안고
가르마길 낸
마들녁 여성학교
배움의 열망이
하늘을 찌르고
푸른 함성으로 파도를 이룬다

아날로그로 출렁이는 수평선

신세계로 향하는
문해文解의 길
끈질긴 갈망의 터전

향학으로 반짝이는
눈동자마다
저물어 가는 밤
별이 된다

가을에 우는 새

칠형제 산 고봉이
어깨를 겨루는
영남 알프스
신불산 능선엔
흰머리 억새가 산다

휘휘 저어대며
우는 저 울음
살풀이 여인네의
은빛 치마폭
낭창낭창한
허리 짓 춤사위
갈기 세운 백조들의
군무 같아라

마른 몸 비벼대며
서걱대는 출렁임은
뉘를 향한
끝없는 미망인가
새 아닌 새 억새

바람에도 붙잡을 수 없는
그대 흰 손수건
가을이면 우는
억새의 몸짓

고향

태자나무 울타리
과수원 지나 청보리밭
똬리 틀고 앉아
몸서리치게 했던 회색 뱀도
그곳 어디쯤에서
기지개 켜고 있을까

후미진 산자락에
지천으로 피어있던
내 유년의 할미꽃이 그립다

수천의
은어 떼들은
지금쯤 고향 찾아
돌아오고 있을까

저무는 강조차도
허리 굽은 채 흘러가고
기적소리조차 닿지 않는
먼먼 남도 끝

고향의

그 봄은 어디만큼 왔을까

곤파스가 할퀴고 간 안면도

곤파스가 할퀴고 간
안면도
무심한 바람만
바닷가를 어슬렁거린다

물 폭탄에 산벚나무도
정신을 잃었는지
구월쯤에서야
때 잊은 연분홍빛
가슴을 열었다

그렇다
폭풍우보다 더 두려운 건
인간의 재앙
해수 온도 점차 높아져
갯벌에 게랑 조개 잡던
아이들 웃음소리 사라지고
빈 호미질로 돌아설 날
머지않은 듯

밤을 잃고
뒤척이는 파도

단상斷想

경부선 무궁화호로 두 시간
황간에 내리면
그리운 친구를 만난다

마을 어귀에 들어서면
백 년 된 예쁜 성당
풍경으로 서 있는 동네

감나무 병풍처럼 둘러쳐진
산자락 막다른 곳
백구 뛰놀고
경제관념 제로라고
마주 보며 웃는
내면 깊숙이
자연을 닮은
부부가 살고 있다

검게 그을려
작아진 얼굴
그림처럼 쌓아놓은

장작더미
아직은 먼 겨울을
준비하는 그윽한 손길

바람의 노래

내가 당신이었다면
7대 종손의 멍에를 지고
먼산바라기로 그 길
떠날 수 있었을까요

내가 당신이었다면
전쟁으로 피붙이 잃고
배신의 그늘에서 서성이면서
피멍울 삭여낼 수 있었을까요

내가 당신이었다면
세월의 강에 생채기 풀어놓고
빈손 허망함 술잔에 채우며
바람의 노래 부를 수 있었을까요

인동초로 키운 그대 삶
청정 소나무는 그 자리건만
푸르던 이마엔 흰 서리 그윽하니
그대 고운 노을 길에
별꽃 같은 은가락지 끼워드릴게요

여름 나기

계절을 붙잡지 못해
울어대는 미물도
이별을 아는가 보다

봄 한 철
어느새 지나고
그 앞에
초록으로 물든 나뭇잎
장대 빗줄기도
묵묵히 맞으며 견딘다
때로는 한낮의 열기에도
꿈쩍 않는 여름 나기

가난했던 시절
허리에 세월을
감고 살았던
우리네 어머니 같은
열대야

벌초

청상으로 유복자까지
여섯 남매
층층시하 물기 마를 날 없던
손끝 마디마디
이승 떠나선
세간나고 싶었을 텐데
선친들과 산 한 자락에
고단한 몸 뉘셨습니다

그곳이 천상의 누각인가요
살아생전 머릿결처럼
탐스럽게 자란 봉분은
윤기마저 흐릅니다

정갈한 맛손 옛처럼 남기시어
차례상에 나박김치 만둣국으로
올라갑니다

헝클어진 머리
곱게 빗겨 드렸으니

한가위 환한 가슴
바람에 이슬에라도
취해 보시지요

어머님

시심詩心

시란
말의 마을이라 하네

옹기종기 이마를 맞댄
마을 어귀엔
하얀 신작로 길
그리움에 빛바랜
어머니가 서성이고
잉태의 기쁨은 황홀했으나
산고의 두려움에 가위눌리네

밤마다
나는 길 없는 길을 떠나네
끝없는 미로
휘몰이 장단에
난파된 시어들이 표류하고
얼기설기 구멍 뚫린 연聯들이
강이 되어 비틀거릴 때
은하를 건너온
불면의 새 한 마리

시어가 되어 날아오르네

어디쯤에서 만날 수 있을까
어디쯤에서 길을 잃었을까
이 밤 조각난 언어들
별처럼 반짝일 수 있다면

용현의 일기

엄마가 해외 출장길에 짜놓은
세 살배기 배낭 속엔
6일간의 약속이 들어 있다

아침나절엔 어린이집으로
오후엔 장난감 가게로
날마다 시간을 동화처럼
풀어내는 할머니는
내비게이션처럼 분주하다

별 탈 없이
하루해가 뜨고 지지만
즐겨 놀던 놀이터에서도
기쁘지 않은 용현이

지난밤 꿈속에서는
힘껏 찬 공이
노랗게 지도 한 장 그려놓았다

아뿔사!

엿새째 되던 날 아침
빠알갛게 익은 얼굴로
엄마의 선물 받는
수줍은 아들 용현이

미니멀 라이프

내 생애
마지막 이사라 생각하고
예쁘다고 아깝다고
고이고이 간직했던 것들
나눔하고 버리고

옷장도
싱크대도
책장도
헐렁헐렁해서 좋다

머릿속
잡다한 생각들도
버릴 수만 있다면

베란다 유리문에
반짝이는 저 꽃물결
풍경화로 들이면서
가슴 저리게

감사할 일만
남아 있을 텐데

불면

불면의 밤은
달빛에 깔려 신음하고
도둑처럼 스며든 생각들이
억만 갈래 실타래 되어
그냥 그 자리 머물러있다

깊은 수렁
뼈 마디마디가 옥죄이고
갈비뼈들이 튀어 오른다

까맣게 타오르는
생의 깊은 연민이
수면 위를 뒤척일 때
들끓던 살아있는 것들의
소리 소리들

더 이상 잃을 것 없는
맨 밑바닥 그러나
아직도 빠져나오지 못한

숱한 생각들이
신 새벽 미명을 가른다

흥부네처럼

사람들은 날마다
돈을 세며 산다
시리렁 시리렁
실근실근
못난 사람도
잘난 사람도
모두가 돈 돈 돈

저마다 모양새 다른
세상 꿈을 꾸며

꿈의 돈
땀에 젖은 돈
희망의 돈들이
내일을 점치며
구불구불 줄을 지어
복권 기계를 돌린다

시리렁 시리렁
실근실근

복권 뽑는 소리
밤새 꿈꿔 담은
커다란 박덩이
한 덩이 두 덩이
쓱싹쓱싹

단풍 한 잎처럼

꽃잎 지고
서늘한 바람에
잎들조차 지쳐
가녀린 몸 추스른다

투명하게 빛나는
가을 햇살에
은행나무는
열매를 달고

어제의
방황했던
내 존재에 대해
깊어가는 생각들

상념을 멈추고
하늘을 본다
저편으로
아득히 멀어져 가는
삶의 무늬

붉은 단풍 한 잎으로
물들어 간다

산정호수

궁예의
전설이 된 울음산
명성산 아래
눈물이 우물처럼 고였다

아침 햇살 받아
반짝이는
윤슬

물 위를 걷듯
호반에 떠 있는
나무 길을
맨발로 걷는다

산과 호수 그리고
숲의 조화
가늘게 나뭇잎을
흔드는 새들의
청아한 소리

어느새
한 점, 두 점
물들어 가는 잎새들
계절을 안고
조용히 몸의 색깔을
바꾸고 있다
지난날들의
추억이 바래가듯

제2부

내려놓는 연습

대추나무

봄이 열린지
한참이 지나도
눈뜨지 못하고
죽은 듯 서 있던
대추나무에
새순이 움텄다

봄꽃들이
황홀한 문을 열고
갖가지 색깔로
치장을 하는
사월 말쯤

온갖 꽃의 기를
옹골지게 받은
대추나무 한 그루
올 가을엔
푸짐하게
누군가의
몸과 영혼을
살찌우겠지

내려놓는 연습

칠십을
살다 보니
점점 몸이
가벼워진다

손에
들었던 것들
등 무겁게
짊어졌던 것들
허상에
목말랐던 것들
뻗쳐올랐던 욕망들
하나 둘 백기를
들고 나온다

참으로
몸도 마음도
힘든 길
지우며 놓으며
가벼이 옮기는

생의 발걸음

그저
새로운
한 날이
두 손 모으는
감사일 뿐이다

가을이 익어갑니다

국화꽃
수천 송이
고궁에 피었다

별처럼 박힌
꽃봉오리들
잊었던 얼굴처럼
피어오른다

파아란
하늘에 쓸리는
향기에 취해
그리움에게
편지를 쓰리라

댓잎
흔들리는 소리에
가을이 깊어간다고

시간의 강

깊은 품속에
세월이 익어간다고

그 집

반야사 옆구리
돌계단
몇 개 오르면
자그마한
빨간 벽돌집

오월이면
신록이 겹겹이
둘러치고
곁을 지나는
계곡물소리
청청하다

키 재기 하며
서 있는
장독대 옆
때죽나무 꽃망울
서로의 마음을
겹쳐가며
며칠 후면

활짝 웃으리

오랜
그 집
기억 속의 산수화
내게 가까이 다가오는
빛과 결

단풍 화장

잎새 무성할 때
미처 보지 못한
발아래 단풍을 본다

최루탄 연기에 절리고
지성과 야성을 탐하며
젊음을 저당 잡혔던
시간도 지나고
사철 피고 지는
계절의 문 여닫는 소리

점점 짙어지는
단풍의 본색을
이제야 알아차렸지만
마음은 늘 그 자리를
떠나지 못했다

화장을 지우고
단풍 한 장 들고 보니
추억의 보따리

풀어놓고 싶어진다

만추의 들녘이
저물어가는 오늘
유독 지워지지 않는
푸른 이끼 같은 기억들이
하나씩 내게 안겨온다

시를 읽으며

FM 라디오에서
영혼이 녹아드는
가야금 산조 가락
조선시대의 기녀가 되어
한 자락 춤을 춰본다

날 듯한 어깨 짓
외씨 버선발의
코끝에서
은목서 꽃향기가
나는 듯 취한다

읽다 접어두었던
시집 속에
진하게 남겨있는
조선시대 고고했던
어느 선비의
붓끝이 선명해 온다

고향 소식

몇 달 만에 걸려온 언니 전화

"느그 친구 순덕이 남편 며칠 전에 하늘나라로
가부렀다. 장에 갔더니 니 좋아하는 햇고사리
갑오징어가 나와 샀다 채 서방이 좋아하는 감태지랑
묵은지 된장 깻잎장아찌도 넣어 오늘 밤 가는
택배차에 부쳤다잉"

팔십을 훌쩍 넘겼지만
한약방 형부 보약 덕인지
아직도 바람을 안고 다닌다

유일하게 고향 땅 지키며
간간이 고향 소식
고향 맛 전하는
엄마 같은 울 언니

진실의 입

석상의 쩍 벌린
진실의 입 앞
손을 넣는 순간
등골이 오싹했다

문득
얼룩진 삶들
조금씩 지우며
날마다
새로운
푸른 잎만 달고
살고 싶다는
생각 하나

트레비 분수에
동전을 던지며
마음속에
꼭꼭 싸매두었던
소원을 빌었다

'로마의 하루'처럼
절절한 가슴으로

길

미지의 낯선 길
세 차례의 갈림길에서
옳고 그름을 알지 못한 채
가지 않았던 길을
남몰래 훔쳐보곤 했다

굴곡진 여울을 건너며
날 선 바람도
매서운 눈보라도
꿈의 속도처럼 점점 무디어지고
실낱처럼 가늘어진 길목에 서 있다

어두운 이마를 가볍게 딛고 가는
저 일몰日沒을 보며
아직은 투명한
자아를 들여다본다
남아 있는 길
제단에 바쳐가며

꿈속의 아버지

꿈길에서 아버지를 만났다

새벽길 달려온
장꾼들의 허기를 달래주던
선지해장국 집을 들러
우시장 돌아본 뒤
구호물자 전에서
젊은 아빠가 골라준
꽃분홍 레이스 원피스

간 갈치 한 꾸러미 들고
막걸리에 취해
비틀거리는 옆집 아저씨를
부축해 돌아왔다

이젠 없는 빈자리
망각의 한 타래 같은 기억들
어린 딸과 함께한
5일장의 추억
아직도
그림처럼 남아있다

내 이름은

이름은 그 사람의 대명사
내겐 이름이 몇 개 있다

사주 관상학을 공부한 사촌 언니가
정임은 손재수가 많고
마음고생이 심하다고 개명해 준 금경
내세워본 적 없지만 기억하고 있다

소진,
사랑하는 사람이 지어준 호
귀염성 있어
이메일 아이디로 사용하기도 한다

강나루 밀밭
한동안 우리 집 생계를 책임졌던 우동집
몇 년 동안 내 이름으로 통했다
경기도 어느 세무서에 근무한다는
대학 동기가 시적인 상호에 끌려
연서를 보내왔다

그러나
주민등록증 운전면허증 통장에도
내 이름은 마정임이다

들꽃의 생각

바람과 햇살에
산마루 들꽃
기지개를 켠다

들꽃이 품은 생각
인간사 빛과 그늘

세상은 혼돈
허상의 깃발들
나부낀다

잘 산다는 건
가지 말아야 할 길을
가지 않는 것일지도

세상을 향한 순수한 위로
남몰래 피고 지는
삶의 출렁임

마음이 힘들 때

비가 내리고
차가운 숲 가득해지면
먼 길을 떠나본다

구불구불 오솔길
온종일 휘휘
바람 불던 들판에서
중언부언 메아리와 놀다가

그리움 모퉁이 돌고 돌아
옹색한 마음 훌훌 털어내고
천천히 걸으며
모든 사랑을 기억해 낸다

이때쯤이면
먹구름 같은 시간이 날아간다

키를 넘는 나무들이
내 무릎을 눕힌다

바람

반 백 년을 함께 해온 짝궁이 아프다
평생 등산으로 다져진 몸이 탈이 날 줄이야
이름도 생소한 고관절 연골 용해중

일요일 아침이면 어김없이 배낭 메고
도봉산을 향하던 발걸음이 몇 달째 멈췄다

통증과 저림으로 이어지는
잠 못 이루는 시간의 연속
수술 날 받아놓고 지새는 밤

주님 은총 별빛처럼 내리사
깨끗이 나음 받게 하소서

멈추어진 일상
예전처럼 도봉산에 올라
오랜 벗들과 막걸리잔도 기울이고
둘레길도 걷고
환하게 웃으며
황금빛 노을길을 손잡고 걷게 하소서

병실·1

호흡기 환자들이 쏟아내는
통증의 냄새
깊숙이 들어온
한낮의 볕이 삼키고 간다

짙어지는 팔뚝의 피멍 자국
드디어 까마득한 고통의 깃발은
백기를 든다

너무 힘들었다고
조금 쉬어 가자고
남은 날들 더 둥글게

창문으로 문안 온
한가위 둥근달의 위로에
숨을 고른다

그늘 없는 망각의 발치쯤에서

제3부

산다는 것

병실·2

전등이 깜박 꺼지듯
찰나의 졸도

하늘이 빙빙 돌아
어질병의 검은 파도
밀물처럼 몰려온다

얼마나 더 원치 않는
훈장을 내리실 건가

지천에 생금가루 같은
햇빛 눈부시고
봄날은 황홀한데
병실 안은 동토凍土

언제쯤 봄은 오려나
멀리서 가만히
나를 깨우는 손길의 따뜻함

봄 선물

주름 잡힌 손으로 이끄시며
"꽃구경 가자"시던 당신
이토록 눈부신 꽃 세상인데요
그 손 놓으시고 떠나신 당신
혼자서 선물 가득 안고
당신을 기억합니다

꽃눈 틔운 지 엊그제
세상은 서둘러
화려한 갈망으로
가슴을 내보입니다

거리낌 없는 속내
내장 깊은 곳까지
꺼내 놓고 손짓합니다

봄의 선물
꽃구경 맘껏 하시라고요
그러나 함께할 당신 없어
어둠이 된 그림자 앞에서

빈손 훠이훠이
슬픈 그리움만
펼쳐 놓습니다

봄비

긴 목마름에
하늘만 쳐다보던
대지 위에
촉촉이 스며드는 단물

갈증으로 지쳐 있던
봄의 정령精靈
생명수 머금어
영롱하게 빛난다

아픈 기억들
다 지우고
버리지 못한 낡은 생각들도
빛무리에 씻어내고
연둣빛 세상
나날이 새롭다

봄비 내리는 오늘

산다는 것

낯선 길들을
걷고 또 걸었다

상실의 아픔도 컸고
두려움에 도망치기도

내 의지로 살아가는 게 아니라
시간의 강줄기 따라
그냥 흘러가며 살아지는 것

내려놓아야 할 것들을
놓지 못하고 서성이는데
세월은 저만큼 가고 있다

그림자는 지우고
같은 무게로
하루하루를 살아가는 나

시 낭송 대회

또 하나의 새로운 길
황홀한 어지럼증

끼 넘치는 선수들 속에서
두려움으로 주눅 들고

조명이 들어왔다 나갔다
머릿속은 혼돈

믿었던 암기력은
길을 잃고 무너져 내린다

그 길은 빛이고 험한 고갯길
하나의 그리움으로 남았다

시집 한 권 엮고 싶다

말없이 건네준
시집 한 권

잠자고 있던
시심을
일으켜 세웠다

꼼지락거리며
돋아나는
새순의 환희

가만가만 내리는
빗줄기에
아른거리는 그리움

거스를 수 없는
자연의 이치
시의 노래 부르고 싶다

안부

푸른 사월의 비가 내립니다

꽃 지자마자
초록이 다가옵니다

골목마다
라일락 향기

종일
혼자 걸어도
가슴이 받아내는
저 봄기운의 따뜻함

당신은
어떠신가요
지금

어디 있는 거야

잊을래야
잊을 수 없는 너

풋사과 같은 새내기
그 어느 겨울

첫사랑의 가슴앓이
견디지 못해
끝내 돌아오지 못한 새

풋풋한 기억 그대로 남아
그리움만 안고
흘러간 날들

아픈 흔적 언제쯤 지워지려나
복사꽃 지는 길
홀로 걷는다

오월의 추억

오월은
비취가락지다

쪽찐 머리
세모시 적삼
파릇한 젊음
고요하고 포근했던
먼 기억 속의 엄마

아카시 꽃 날리는
그때쯤이면
함께 오르던
따뜻한 엄마의 숨결

오월이 가고 있다
그리움도 덩달아 멀어져 간다

*피사의 사탑

고개 갸우뚱
무엇을 생각하나요?

고요 침묵 묵상

해탈의 경지에
도달했나요

말씀으로
되새기며, 느끼며

*이탈리아 토스카나주 피사시의 피사 대성당에 있는
종탑으로 기울어진 탑으로 유명하다
세계 7대 불가사의

홍부네·2

사람들은 누구나 대박을 꿈꾼다
요행을 바라는 자일수록
하늘마저도 외면한 채
지나치기 일쑤건만
간밤 꿈에 본 조상님을 믿고
구불구불 줄을 지어
복권 기계를 돌린다
시리렁 시리렁 실근실근

고단한 일상 속에서
홍부네처럼 선행을 꿈꾼 적 있는가
진정 더운 가슴보다
냉기 가득 찬 우리네 삶 속에서
오늘도 생을 바느질하며
홍부네처럼 마음의 톱질을 해본다
시리렁 시리렁 실근실근

욕망의 실타래가 얽히고설킨다
삶과 함께
삶 안에서

삶의 도르래
그만 낯 붉은
세상 속에 숨어버리는

허무

요양원에 있는
큰언니를 보러 갔다

나이답지 않게
촘촘히 세상 짚어가며 살던
그 언니 가뭇없고

초점 잃은
새 한 마리
앉아 있다

날개를 잃고

잊고 싶어요

그의 고관절 수술 3개월이 지났다

악몽 같은 시간들이었지만
헤아릴 수 없는 통증을 참아내고
워커를 밀며 걸음마부터 시작
일상으로 돌아오는 길은 너무나 멀었다

그 길 멀리 어깨너머로
보이는 희망을 향하여

언제쯤 끝날까?
두려움으로 점철된 나날
생을 위한 최선에
박수를 보낸다

낙관처럼 새겨진 상흔은
"조심조심 살아야 해"
무언의 명령

남은 생은 살얼음 걷듯

비 오는 날

밖은 비가 내리고
나는 장롱 속
묵은 옷들을 정리했다

냉장고 속 그득한
전국 방방곡곡 특산품도
솎아내고 다듬으며

비 오는 날만
할 수 있는 물청소
마음도 집안도
새집처럼 윤이 났다

한나절의 어깨를 쉬며
창문 밖 내리는
빗줄기로 써보는
한 편의 시

사춘기

지독한 사춘기 병
저 지하 400km 안의 마그마
증상도 가지가지
감정 오락가락 널뛰고
참을성 없이 불붙고
일상이 몰아치는 폭풍우

마음의 성장통
그 불길 잡힐 때까지
기다림은 믿음이고 기도
'참을 인'자 백번 천 번
가슴에 새기고 또 새기고
영롱한 사리 수백 개 품는
어느 수도승처럼
견디고 견디다 보면
그리움으로 다가올 날 있겠다

제4부

낙엽의 독백

유월은

개망초 으아리 비비추
수 없는 흰 꽃무리
그 사이로
녹음이 스며드는
유월의 밭

쑥꾹새 울음에
숲은 더욱더 깊어지고

들녘
감자 꽃 가득하고
청 보리
혼자서 익어갈 무렵

그 옛날
보릿고개 넘던
질긴 목숨, 목숨들
지키고 섰던
푸르고 푸른 유월

해바라기

긴 목을 빼고
그 님을 향한
아픈 사랑 하나

기다리다 기다리다
새카맣게 타들어가는
가슴을 풀어헤쳐
더 이상
그 뜨거움을
받지 못할 때까지
목을 세우며 기다리는
슬픈 *헬리오트로픽이여

마지막 고개 숙인 채
아직도 남아있는 말
'당신을 사랑합니다'

*헬리오트로픽-해를 따라 움직이는 식물

찔레꽃

해일처럼 밀려오는
하얀 그리움

온몸에 가시 품은
처절한 사랑
가까이 다가갈 수 없는
고독한 사랑
그 향기 너무 아련해
슬프고 쓸쓸해

내 유년의
갯가에서
연한 줄기 꺾어
입 안 가득 채워 주었던
쌉쌀한 향취
뒤돌아서 다시 보는
꽃순 틔운 슬픈 이야기들

동백꽃

동박새 품에 안고
젖 물리는
붉은 심장

잔설을 머리에 인
요요로움
동박새 웃음 환하다

그 사랑
슬픔으로 젖어가고
고운 목
톡톡 떨어뜨리며
통곡하다
쏟아내는 핏덩이

정남진역

땅거미가 내려앉는다

억불산의 풍경
이청준 생가의 문향
천관산 억새의 흔들림
그리고
정남진 장흥 물축제
한우 삼합이 잘 어울린 식당들
좁은 대합실은 늘 만원사례

억불산 며느리 바위의 전설
AI시대에도
생생히 살아 숨 쉬는 정남진

밤은 자정을 넘어가고
열차는 오지 않는다

기다리고 기다려도 오지 않을
정남진역
깊은 사유 속
낙관 하나 꾹 눌러본다

생각의 구석

하늘이 그림을 그린다
나도 덩달아
붓 하나 들고
허공에 새긴다

빈곤한 언어
허기진 생각으로
붓질은 헛손질

언제쯤 되어서야
맘껏
그려 낼 수 있을까

오늘도
나는 오래도록
붓만 들고 서성인다

성지순례

기차로 홍성역까지
복자의 길을 더듬으며
홍주성지를 찾았다

목숨 바쳐 순교한
동헌, 감옥 터, 진영, 저잣거리,
참수 터, 생매장터를
먹먹한 가슴으로 걸었다
골고다 언덕의 주님을 묵상하며

매섭고 긴 채찍
목마름과 굶주림에도 굴하지 않고
오롯이 한 곳만을 바라보았던
믿음의 조상

고뇌의 궤적 밟으며
마음속에 이는
조용한 불길

*복자福者 : 종교적으로 공경할 만하다고 교황청에서 지정 발표한 사람

파주댁

버스 정거장 둘레
푸른 먹거리
난전이 펼쳐진다

파주에서 서울까지
20여 년을 다닌다
제철 채소 땀방울로
빚어낸 시간의 그물망

반세기 농사 짝꿍
지난해
먼 길 떠나보내고
등이 시리다

동그란 등
밭이랑 같은 얼굴
갈퀴손 아랑곳없이
푸른 들판이 족쇄되어
호밋자루 놓지 못한다던 너

생은 저물어 가는데
나 또한 들판을
떠나지 못한다

그리움의 끝은

잠들지 못하는 밤
사위는 적막하다
시집 속에서만 만나야 하는 너

누가 불러대던가
잘 있으라는 말도 건네지 않고
황망히 떠난 그 길

지리산의 암벽들이
너의 발을 세우지 못했구나

네가 남긴 의문표
생과 사의 진실은
무엇이었을까

마시고 마셔도 취하지 않을
뽀얀 막걸리잔을 기울이며
나누지 못했던
마음을 털어놓고
*이 시대의 아벨을

논할 수만 있다면…

무량한 그리움

* 고정희 시인의 시집 제목

까보다로까

— 포르투갈의 땅끝마을

대서양의 시작과
유럽의 끝이 맞닿은 곳
땅이 끝나고
바다가 시작된다

키 작은 선인장과
이름 모를 들꽃들이
대륙의 끝을
아름답게 수놓고

대서양을 오가는
배들의 길잡이
빨간 등대가 그림 같은 곳

십자가 돌탑에 기대
이생의 몸을
바닷속으로 던져 버릴 것 같은
바람의 손아귀와 맞서던 쾌감

내 마음속에 화인처럼

선명한 화폭으로
남아 있는 까보다로까

붉은 성을 읽으며
— 스페인 그라나다

그라나다의
붉은 성 알람브라 궁

유럽 속 이슬람 문화예술의 꽃
나스르 왕조의 화려한 궁전

패장이 되어 쫓겨 가는
무함마드 12세의
간절한 부탁
아름다운 이 궁을
영원히 지켜주오
세계적 문화유산이 되었다

헤네랄리페 정원의
키 높이 가로수 길
분수대의 수로를 따라
"알람브라궁의 추억"
기타 선율이 들려오는 듯하다

황홀한 시간
추억이 되어 멈추어 선다

능소화 필 무렵

장맛비 그치고
푸른 하늘 너머로
여름이 지나가고 있다
고향 집은 안녕하신가

신작로 길옆
널찍한 뒤란
참 좋았다

감나무 석류나무
터줏대감처럼 자리하고
장독대 옆 무화과나무
울타리엔 능소화

감꽃 지고
젖멍울처럼 땡감 커 갈 때
능소화 꽃 무리
무화과 가지에 걸치면
우리도 환하게 웃었지

갖가지 장미꽃밭은
서리가 내릴 때까지
우리 집을 장식했다

담 너머 꽃밭을
흘끔흘끔 넘보던
옆집 그 머슴아는
무얼 하고 있을까

낙엽의 독백

잔설 녹는
개울물 소리에
눈을 뜨고
살랑이는 바람결에
연두로 미소 지으며
봄이 지는 꽃잎 속에서
초록으로 깊어졌지

뜨거웠던 여름 지나며
내 온몸 풀어
황홀한 사랑으로 살다가
이제는 헤어질 시간
떠나야 하는 슬픔을
결코 허무라 말하지 않을래

오랫동안 길들여진 깊이만큼
잔잔하게 다독이며
어느 책갈피에서
또 다른 새로운 생이
시작될 테니까

용서라는 말

누가 오랫동안 공들여 쌓은
우정탑 무너뜨렸을까

어둔 그늘에 가려져 있다가
순간 가라앉아 버리며
파르르 몸을 떤다

그날의 기억이 어제인 듯
스며들다 사라진다

아프다
병명도 없이 파고드는
이 기막힌 고통의 덩이

*"상처의 진정한 치유는
용서에서 온다" 라는 말
그런 말은 언제쯤 올 수 있을까

기도하게 하소서

*달라이라마 〈용서〉의 글에서

그래도

폭염과 폭우
산이 무너져 내리고
강둑이 넘친다
지구 온난화가
삶의 터전
그 몸을 허무는
어수선한 세상

거짓이 출렁이고
증오와 탐욕이
가득한 세상

"그래도"라는
아름다운 섬 하나 있어
꼬깃꼬깃
쌈짓돈까지 건네는
성금 행렬
한 줄기 빛이요
희망

해설

|해설|

진솔한 삶의 사색과 생명성

허 형 만

(시인·목포대 명예교수)

문득
얼룩진 삶들
조금씩 지우며
날마다
새로운
푸른 잎만 달고 살고 싶다는
생각 하나
— 마정임 「진실의 입」

1.

마정임 시인은 2023년 《계간문예》 신인상으로 등단하면서 문단의 관심을 모으더니 바로 첫 시집을 출간한다. 등단한 해에 시집을 출간하기란 큰 용기가 필요할 만큼 드문 일인데, 그 이유를 〈시인의 말〉에서 밝히고 있다. 즉, "지난 세월 삶의 갈피마다 문득문득 시어들이 내게 다가와 일기장, 습작 노트에 숨겨 놓았"던 덕분이라고. 그러니까 등단하기까지 수많은 작품을 썼다는 말이다. 그러고 보니 칠레의 시인 파블로 네루다의 "그러니까 그 나이였어 … 시가/ 나를 찾아왔어, 몰라, 그게 어디서 왔는지,/ 모르겠어, 겨울에서인지 강에서인지,/ 언제 어떻게 왔는지 모르겠어"(「시」)를 떠올리게 한다. 시인은 말한다. 그동안 쓴 작품들은 "어쩌면 그냥 묻혀버리고 말았을 내 노래의 흔적들"이라고. 이어 이렇게 시집을 출간할 수 있음은 "용기를 주신 H스승님" 덕분이라고. 이 〈시인의 말〉에서 우리가 주목하는 말은 "지난 세월 삶의 갈피마다"이다. 다시 말해 이 첫 시집은 지난 세월 시인이 살아온 삶의 갈피마다 기록한 진솔한 이야기이며 그 삶을 들여다보고 깨닫는 사색의 흔적이라는 고백이다. 이러한 진솔한 삶의 사색은 마침내 시인으로서 우주와 자연에 대한 생명성으로 승화되기에 이른다.

칠십을

살다 보니
점점 몸이
가벼워진다

손에
들었던 것들
등 무겁게
짊어졌던 것들
허상에
목말랐던 것들
뻗쳐올랐던 욕망들
하나 둘 백기를
들고 나온다

참으로
몸도 마음도
힘든 길
지우며 놓으며
가벼이 옮기는
생의 발걸음

그저

새로운

한 날이

두 손 모으는

감사일 뿐이다

—「내려놓는 연습」 전문

마정임 시인은 "칠십을/ 살다 보니/ 점점 몸이/ 가벼워진다"고 말한다. 칠십 평생의 삶에서 얻은 것은 결국 '가벼워진 몸'임을 발견한 것이다. 김수환 추기경께서 사랑이 머리에서 가슴으로 내려오기까지 칠십 년이 걸렸다고 하신 말씀의 의미와도 상통한다. '몸이 가벼워진' 이유는 "손에/ 들었던 것들/ 등 무겁게/ 짊어졌던 것들/ 뻗쳐올랐던 욕망들"을 내려놓는 연습을 해왔기 때문이다. 여기서 '내려놓기'는 '비워내기'에 다름아니다. "내 생애/ 마지막 이사라 생각하고/ 예쁘다고 아깝다고/ 고이고이 간직했던 것들/ 나눔하고 버리고// 옷장도/ 싱크대도/ 책장도/ 헐렁헐렁해서 좋"(「미니멀 라이프」)은 것과 같은 이치다. 정진규 시인은 '시를 위한 여섯 개의 노트'에서 비워내기에 대해 "비우는 일은 누가 도와주지 않는다. 제힘으로 해야 한다. 때로는 지식마저 힘이 되지 않는다. 그것도 비워버려야 한다. 그래서 〈마음공부〉라는 말이 있고 〈불립문자〉라는 말도 있는 모양이다."라고 말한다.

마정임 시인이 살아온 삶을 압축적으로 표현한 이 시에서 "참으로/ 몸도 마음도/ 힘든 길/ 지우며 놓으며/ 가벼이 옮기는/ 생의 발걸음// 그저/ 새로운/ 한 날이/ 두 손 모으는/ 감사일 뿐"이라는 고백적 진술에 우리가 감동하는 이유는 "내려놓아야 할 것들을/ 놓지 못하고 서성이는데/ 세월은 저만큼 가고 있다// 그림자는 지우고/ 같은 무게로/ 하루하루를 살아가는 나"(「산다는 것」)에 대한 성찰과 "아직도 빠져나오지 못한/ 숱한 생각들이/ 신새벽 미명을"(「불면」) 가르는 불면의 밤을 견뎌낸 결과에서 얻어졌기 때문이다.

미지의 낯선 길
세 차례의 갈림길에서
옳고 그름을 알지 못한 채
가지 않았던 길을
남몰래 훔쳐보곤 했다

굴곡진 여울을 건너며
날 선 바람도
매서운 눈보라도
꿈의 속도처럼 점점 무디어지고
실낱처럼 가늘어진 길목에 서 있다

어두운 이마를 가볍게 딛고 가는
저 일몰(日沒)을 보며

아직은 투명한
자아를 들여다본다
남아 있는 길
제단에 바쳐가며

—「길」 전문

우리는 로버트 프로스트의 「가지 않은 길」을 잘 알고 있다. "노란 숲속에 두 갈래 길 나 있어,/ 나는 둘 다 가지 못하고/ 하나의 길만 걷는 것 아쉬워/ 수풀 속으로 굽어 사라지는 길 하나/ 멀리 멀리 한참 서서 바라보았지"(손해숙 역, 창비)로 시작하는 이 시의 길은 실제의 길이면서 동시에 인생 행로를 상징한다. 원제목이 '택하지 않은 길'(The Road Not Taken)로써 우리네 인생길에서 운명을 수용하는 삶의 자세를 내포하고 있다는 점에서 마정임 시인의 「길」을 이해하는 단초를 제공한다. 우리가 가는 길은 항상 "미지의 낯선 길"이기에 "낯선 길"을 만날 때마다 선택의 기로 앞에 망설이며 고뇌하기 마련인데, 이 "낯선 길"을 시인은 "세 차례"나 맞닥뜨린다. 그때마다 "옳고 그름을 알지 못한 채/ 가지 않았던 길을/ 남몰래 훔쳐보곤 했"음을 고백한다. 그리고 "가지 않았던 길" 대신에 선택한 길은 그동안 "굴곡진 여울을 건너며/ 날 선 바람/ 매서운 눈보라"의 길이었지만, 지금은 "꿈의 속도처럼 점점 무디어지고/ 실낱처럼 가늘어진 길목에 서 있다". 다행히 자아가 "아직은 투명"하다.

마정임 시인의 삶의 길이 아직은 투명한 자아 덕분에 안암동 대학 시절 "최루탄 연기에 질리고/ 지성과 야성을 탐하며/ 젊음을 저당 잡혔던/ 시간도 지나고/ 사철 피고 지는 계절의 문 여닫는 소리"(「단풍 화장」)의 푸른 이끼 같은 기억을 떠올리고, "반야사 옆구리/ 돌계단/ 몇 개 오르면/ 자그마한/ 빨간 벽돌집"(「그 집」) 산수화를 기억하고, 비가 내리고 마음이 힘들 때면 먼 길을 떠나 "그리움 모퉁이 돌고 돌아/ 옹색한 마음 훌훌 털어내고/ 천천히 걸으며/ 모든 사랑을 기억해"(「마음이 힘들 때」) 내기도 한다. 어떻게 보면 이러한 삶은 모두 "풋풋한 기억 그대로 남아/ 그리움만 안고/ 흘러간 날들"(「어디 있는 거야」)인지 모른다.

2.

마정임 시인의 고향은 억불산, 천관산 억새와 한우삼합으로 유명하고, "이청준 생가의 문향/ 생생히 살아 숨 쉬는 정남진"(「정남진역」), "저무는 강조차도/ 허리 굽은 채 흘러가고/ 기적소리조차 닿지 않는/ 먼먼 남도 끝"(「고향」)인 전남 장흥이다. 시인은 "감나무 석류나무/ 터줏대감처럼 자리하고/ 장독대 옆 무화과나무/ 울타리엔 능소화// 감꽃 지고/ 젖멍울처럼 땡감 커 갈 때/ 능소화 꽃무리/ 무화과 가지에 걸치면/ 우리도 환하게 웃었지// 갖가지 장미꽃밭은/ 서리가 내릴 때까지/ 우리 집을 장식했다"(「능소화 필 무렵」)라고 고향 집을 추억한다. 이 고향 집에서 유

년을 보낸 시인은 부모님의 사랑을 잊지 못한다.

주름 잡힌 손으로 이끄시며
"꽃구경 가자"시던 당신
이토록 눈부신 꽃 세상인데요
그 손 놓으시고 떠나신 당신
혼자서 선물 가득 안고
당신을 기억합니다

꽃눈 틔운 지 엊그제
세상은 서둘러
화려한 갈망으로
가슴을 내보입니다

거리낌 없는 속내
내장 깊은 곳까지
꺼내 놓고 손짓합니다

봄의 선물
꽃구경 맘껏 하시라고요
그러나 함께할 당신 없어
어둠이 된 그림자 앞에서

빈손 훠이훠이
슬픈 그리움만
펼쳐 놓습니다

—「봄 선물」 전문

마정임 시인은 "가난했던 시절/ 허리에 세월을/ 감고 살았던"(「여름나기」) 어머니를 기억한다. "쪽진머리/ 세모시 적삼/ 파릇한 젊음/ 고요하고 포근했던/ 먼 기억 속의 엄마// 아카시꽃 날리는/ 그때쯤이면/ 함께 오르던/ 따뜻한 엄마의 숨결"(「오월의 추억」)을 추억한다. 그 어머니가 나이 들어 "주름 잡힌 손으로 이끄시며/ 꽃구경 가자"셨는데, "이토록 눈부신 꽃세상" 못 보시고 "그 손" 놓으셨다. 시절은 어머니가 그리도 구경하고 싶어 하시던 꽃 피는 봄. "꽃눈 틔운 지 엊그제/ 세상은 서둘러/ 화려한 갈망으로/ 가슴을 내보이"고, "거리낌 없는 속내/ 내장 깊은 곳까지/ 꺼내 놓고 손짓"하며 "꽃구경 맘껏 하시라고" 봄의 선물이 풍성한데 정작 어머니는 지금 계시지 않는 이 절실한 사모곡 앞에 숙연해진다.

한편 아버지에 대한 기억, 즉 "새벽길 달려온/ 장꾼들의 허기를 달래주던/ 선지해장국 집을 들러/ 우시장 돌아본 뒤/ 구호물자 전에서/ 젊은 아빠가 골라준/ 꽃분홍 레이스 원피스"(「꿈속의 아버지」)도 고향과 함께 빼놓을 수 없고, 요양원에서 "초점 잃은/ 새 한 마리/ 앉아 있"(「허무」)듯 날개를 잃은 큰언니며 "'느그 친구 순덕이 남편 며칠 전에 하늘나라로/ 가부렀다. 장에 갔더니 니 좋아하는 햇고사리/ 갑오징어가 나와 샀다. 채서방이 좋아하는 감태지랑/ 묵은지 된장 깻잎짱아찌도 넣어 오늘 밤 가는/ 택배에 부쳤다잉' (…) 유일하게 고향 땅 지키며/ 간간이 고향 소식/ 고향 맛 전하는/ 엄마 같은"(「고향 소식」) 팔십을 훌쩍 넘긴 작은 언니에 대한 사랑도 잊지 않는다.

반백 년을 함께 해온 짝궁이 아프다
평생 등산으로 다져진 몸이 탈이 날줄이야
이름도 생소한 고관절 연골 용해증

일요일 아침이면 어김없이 배낭 메고
도봉산을 향하던 발걸음이 몇 달째 멈췄다

통증과 저림으로 이어지는
잠 못 이루는 시간의 연속
수술 날 받아놓고 지새는 밤

주님 은총 별빛처럼 내리사
깨끗이 나음 받게 하소서

멈추어진 일상

예전처럼 도봉산에 올라
오랜 벗들과 막걸리잔도 기울이고
둘레길도 걷고…
환하게 웃으며
황금빛 노을길을 손잡고 걷게 하소서

—「바람」 전문

그러나 무엇보다도 "반백 년을 함께 해온 짝꿍"인 남편이 아프다. 병명은 "이름도 생소한 고관절 연골 용해증"이다. 마정임 시인의 남편은 "일요일 아침이면 어김없이 배낭 메고/ 도봉산을 향하던" "평생 등산으로 다져진 몸"이었기에 "통증과 저림으로 이어지는/ 잠 못 이루는 시간"으로 고통받다가 "고관절 수술 3개월이 지났다"(「잊고 싶어요」). 그러나 "악몽 같은 시간들이었지만/ 헤아릴 수 없는 통증을 참아내고/ 워커를 밀며 걸음마부터 시작/ 일상으로 돌아오는 길은 너무나 멀었다// 그 길 멀리 어깨 너머로/ 보이는 희망을 향하여// 언제쯤 끝날까?/ 두려움으로 점철된 나날/ 생을 위한 최선에/ 박수를"(「잊고 싶어요」) 보내는 아내의 마음. 남편의 칠순 때는 "인동초로 키운 그대 삶/ 청정 소나무는 그 자리건만/ 푸르던 이마엔 흰 서리 그윽하니/ 그대 고운 노을길에/ 별꽃 같은 은가락지 끼워드릴게요"(「바람의 노래」) 남편을 칭송했었던 아내이기에 더욱 절실함이 깊다.

그래서 남편의 빠른 쾌유를 비는 아내는 "주님 은총 별빛처럼 내리사/ 깨끗이 나음 받게 하소서" 기도한다. "멈추어진 일상/ 예전처럼 도봉산에 올라/ 오랜 벗들과 막걸리잔도 기울이고/ 둘레길도 걷고 …/ 환하게 웃으며/ 황금빛 노을길을 손잡고 걷게 하소서" 기도한다. 물론, 복자福者의 길을 더듬으며 홍주성지를 찾아 골고다 언덕의 주님을 묵상하며 "목숨 바쳐 순교한/ 동헌, 감옥, 터, 진영, 저잣거리,/ 참수 터, 생매장터를/ 먹먹한 가슴으로 걸"(「성지순례」)을 때에도 오직 믿음 하나로 하느님께 간절히 남편의 치유를 위해 기도했으리라.

3.

마정임 시인은 자신의 삶이 "상실의 아픔도 컸고/ 두려움에 도망치기도// 의지로 살아가는 게 아니라/ 시간의 강줄기 따라/ 그냥 흘러가며 살아지는 것"(「산다는 것」)이라는 점을 깨닫고 사색할 때 존재자로서 고독한 시 쓰기에 열중한다. 이 궁핍한 시대에 시를 쓰지 않으면 배길 수 없는 그 어떤 힘은 한사코 하이데거의 구도자적 자세까지는 아닐지라도 자신의 "삶의 갈피마다 문득문득 시어들이 내게 다가"(〈시인의 말〉) 오는 것을 어찌할 수 없었기 때문일 터이다. .

시란
말의 마을이라 하네

옹기종기 이마를 맞댄
마을 어귀엔
하얀 신작로 길
그리움에 빛바랜
어머니가 서성이고
잉태의 기쁨은 황홀했으나
산고의 두려움에 가위눌리네

밤마다
나는 길 없는 길을 떠나네
끝없는 미로
휘몰이 장단에
난파된 시어들이 표류하고
얼기설기 구멍 뚫린 연(聯)들이
강이 되어 비틀거릴 때
은하를 건너온
불면의 새 한 마리
시어가 되어 날아오르네

어디쯤에서 만날 수 있을까
어디쯤에서 길을 잃었을까
이 밤 조각난 언어들

별처럼 반짝일 수 있다면

—「시심詩心」 전문

시 쓰기의 어려움이 어떠한가를 이 작품은 "산고의 두려움", "끝없는 미로", "불면의 새"와 같은 상징으로 대변하고 있다. 마정임 시인은 우선 "시란/ 말의 마을"이라 정의한다. 이 정의는 마을을 형성하는 말의 혈연관계 속에서 이해할 필요가 있다. 그 말의 마을 어귀 "그리움에 빛바랜/ 어머니"를 떠올린다. 말의 마을, 즉 시에서 시인이 제일 먼저 떠올린 이미지는 "어머니"와 같은 근원적인 존재이다. 즉, 어머니와 같은 그리움의 존재, 모성애와 같은 심성의 고귀함을 시가 품고 있다고 본 것이다. 그래서 시 한 편 쓰는 일이 어머니의 체험처럼 "잉태의 기쁨은 황홀했으나/ 산고의 두려움에 가위 눌리"는 것과 다르지 않다는 것이다. 시인은 시를 쓴다. 아니, 써야 한다. 마치 "밤마다/ 길 없는 길을" 떠나듯. 그러나 그 길은 "끝없는 미로"이다. 여기에 시인의 고뇌가 있다.

진정한 시인은 "난파된 시어들이 표류하고/ 얼기설기 구멍 뚫린 연(聯)들이/ 강이 되어 비틀거"리는 모습이나 "빈곤한 언어/ 허기진 생각으로/ 붓질은 헛손질"(「생각의 구석」)을 체험한다. 이 체험은 현실이 아니다. 오히려 시라는 말의 마을에서 서성거리고 헤매는 몽상적, 신비적 체험 속에서만 가능하다. 왜냐하면 보들레르가 단언했듯이 '시적 창조의 철두철미함'이라는 신성한 목표가 내재되어 있기 때문이다. 그래서 시인의 바람 그대로 "이

밤 조각난 언어들/ 별처럼 반짝일 수 있다면" 이는 분명 시의 뚜렷한 존엄성을 구현시키기에 충분할 터이다. 마치 "읽다 접어두었던/ 시집 속에/ 진하게 남겨있는/ 조선시대 고고했던/ 어느 선비의/ 붓끝이 선명"(「시를 읽으며」)한 것처럼. 그리고 "가민가만 내리는/ 빗줄기에/ 아른거리는 그리움// 거스를 수 없는/ 자연의 이치/ 시의 노래 부르고 싶"(「시집 한 권 엮고 싶다」)은 것처럼.

마정임 시인의 이러한 시적 인식과 사유는 특히 자연의 생명성을 노래하는 작품에서 빛을 발한다. 시인에게 풍경은 단순히 풍경 그 자체에 머무르지 않는다. 마르셀 프루스트는 말한다. "참된 발견의 항해는 새로운 풍경을 찾는 것이 아니라, 새로운 눈을 가지는 것이다"라고.

칠 형제 산 고봉이
어깨를 겨루는
영남 알프스
신불산 능선엔
흰머리 억새가 산다

휘휘 저어대며
우는 저 울음
살풀이 여인네의
은빛 치마폭

낭창낭창한
허리 짓 춤사위
갈기 세운 백조들의
군무 같아라

마른 몸 비벼대며
서걱대는 출렁임은
뉘를 향한
끝없는 미망인가
새 아닌 새 억새
바람에도 붙잡을 수 없는
그대 흰 손수건
가을이면 우는
억새의 몸짓

—「가을에 우는 새」 전문

이 시 제목의 '가을에 우는 새'는 물론 동물로서의 새가 아닌 "영남 알프스/ 신불산 능선"에 펼쳐진 식물인 "흰머리 억새"를 시인 특유의 희언법戱言法(pun)으로 표현한 것이다. 마정임 시인은 이 시 한 편에 억새를 통해 의성법과 의태법을 구현하고 청각과 시각, 촉각의 이미지를 잘 배합함으로써 한 폭의 대자연을 그려내고 있다. 시의 목표와 방법과 결과는 '새로운 것의 창조'이다.

이때 '창조'는 곧 생명성을 수반한다. 그래서 "신불산 능선엔/ 흰 머리 억새가 산다"이다. '억새가 있다'라는 단순한 존재 의식을 뛰어넘어 '억새가 산다'는 존재 가치와 존재 의의에 숨을 불어 넣는다.

"가을이면 우는/ 억새의 몸짓"에서 생명성을 감지한 시인은 "봄이 열린 지/ 한참이 지나도/ 눈뜨지 못하고/ 죽은 듯 서 있던/ 대추나무에/ 새순이 움텄다// 봄꽃들이/ 황홀한 문을 열고/ 갖가지 색깔로/ 치장을 하는/ 사월 말쯤"(「대추나무」)에도 가을 억새처럼 가을 대추나무 열매의 풍성함을 예견한다. 이는 블랑쇼의 말처럼 사물을 환기하는 것이 아니라 사물의 부재를 환기하는 것이다. 그래서 "가을이면 우는/ 억새의 몸짓"에서 "바람에도 붙잡을 수 없는/ 그대 흰 손수건"이라는 그리움의 대상을 만날 수 있는 것 아니겠는가.

잔설 녹는
개울물 소리에
눈을 뜨고

살랑이는 바람결에
연두로 미소 지으며

봄이 지는 꽃잎 속에서

초록으로 깊어졌지

뜨거웠던 여름 지나며
내 온몸 풀어
황홀한 사랑으로 살다가
이제는 헤어질 시간
떠나야 하는 슬픔을
결코 허무라 말하지 않을래

오랫동안 길들여진 깊이만큼
잔잔하게 다독이며
어느 책갈피에서
또 다른 새로운 생이
시작될 테니까

—「낙엽의 독백」

마정임 시인에게 있어 '낙엽'은 그 흔한 쓸쓸하고 허무한 인생의 비유가 아니다. "잔설 녹는/ 개울물 소리에/ 눈을 뜨고// 살랑이는 바람결에/ 연두로 미소" 짓던 봄을 지나 "꽃잎 속에서/ 초록으로 깊어"졌던 뜨거운 여름을 지나온 시간을 낙엽은 "내 온몸 풀어/ 황홀한 사랑으로" 살았다고 회고한다. 이어서 낙엽은 "이제는 헤어질 시간/ 떠나야 하는 슬픔을/ 결코 허무라 말하지 않"

겠다고 자신에게 다짐한다. 인간이 낙엽을 향해 쓸쓸하고 허무한 삶이라고 말할 때 낙엽은 그게 아닌 삶에 대한 긍정과 희망을 보여준다. "어느 책갈피에서/ 또 다른 새로운 생이/ 시작될" 것임을 믿으니까.

낙엽의 독백을 듣고 있노라면 결국 시인의 독백으로 바뀌 들리는 것 같다. "살랑이는 바람결에/ 연두로 미소 지으며" 시작하여 "초록으로 깊어"진 봄을 지나고 "뜨거웠던 여름"도 지나 계절상으로 가을에 접어든 나이의 시인이지만, 그동안의 삶은 긍정적이었고 신앙적이었고 희망적이었음이 시인의 지난 세월 삶의 갈피마다 켜켜이 새겨져 있음을 보았다. 그렇다. 봄비 내리는 날, "아픈 기억들/ 다 지우고/ 버리지 못한 낡은 생각들도/ 빛무리에 씻어내고/ 연둣빛 세상/ 나날이"(「봄비」) 새로워지듯 삶의 희망을 간직하며, 그리고 "종일/ 혼자 걸어도/ 가슴이 받아내는/ 저 봄기운의 따뜻함"(「안부」)도 간직하며 살아왔다. 물론 "온몸에 가시 품은/ 처절한 사랑/ 가까이 다가갈 수 없는/ 고독한 사랑/ 그 향기 너무 아련해/ 슬프고 쓸쓸"(「찔레꽃」)할 때도 없지 않았지만 "산과 호수 그리고/ 숲의 조화/ 가늘게 나뭇잎을/ 흔드는 새들의/ 청아한 소리"(「산정호수」)에 위안을 받을 때도 있음도 보았다.

그렇다. 마정임 시인 말대로 어쩜 모든 인간의 삶이 "잘 산다는 건/ 가지 말아야 할 길을/ 가지 않는 것일지도"(「들꽃의 생각」) 모르겠다.

계간문예시인선 191

마정임 시집 _ 푸른 사월의 비

초판 인쇄 2023년 10월 13일
초판 발행 2023년 10월 19일

지 은 이 마정임
회 장 서정환
발 행 인 정종명
편집주간 차윤옥

펴 낸 곳 도서출판 계간문예
주 소 03132 서울 종로구 삼일대로 30길 21 종로오피스텔 1209호
전 화 (02) 3675-5633 팩스 (02) 766-4052
이 메 일 munin5633@naver.com
홈페이지 http://cafe.daum.net/quarterly2015
등 록 2005년 3월 9일 제300-2005-34호
연 락 처 03132 서울 종로구 삼일대로 32길 36 운현신화타워 305호
인 쇄 54991 전북 전주시 완산구 공북1길 16, 신아출판사
ISBN 978-89-6554-279-7 04810
ISBN 978-89-6554-118-9 (세트)

값 12,000원